El clima:
de nuestros antepasados a los niños de hoy

COLECCIÓN DIRIGIDA POR CARLO FRABETTI

Título original: *Le climat: de nos ancêtres à vos enfants*
Publicado en francés por Éditions Le Pommier, France

Traducción de Gemma Gallart Álvarez

Distribución exclusiva:
Ediciones Paidós Ibérica, S.A.
Av. Diagonal, 662-664 – 08034 Barcelona – España
Editorial Paidós, S.A.I.C.F.
Defensa 599 – 1065 Buenos Aires – Argentina
Editorial Paidós Mexicana, S.A.
Rubén Darío 118, col. Moderna – 03510 México D.F. – México

ISBN: 978-84-9754-310-1
Depósito legal: B. 53.452/2007

Impreso en Hurope, S.L.
Lima, 3 bis – 08030 Barcelona

Impreso en España – Printed in Spain

Bérengère Dubrulle
Valérie Masson-Delmotte
Ilustraciones de Cécile Gambini

El clima: de nuestros antepasados a los niños de hoy

Sumario

Agradecimientos

Los autores y el editor desean dar las gracias a Kenza, Maud, las dos Juliette, Maude, Joëlle, Aline, Anne-Cécile, Céline, Timothée, Léo, los dos Antoine, Maxime, las dos Hélène, Déborah, Purevmaa, Victoire, Marthe, Guillaume, Alexandre, Quentin, Benjamin y Émilien, así como a su maestra de CM1, sin los cuales este libro jamás habría podido ver la luz...

Los autores también desean dar las gracias a Jean Poitou, que les ha proporcionado a menudo la oportunidad de hablar de su trabajo a los niños, y a Marc y Marine Delmotte, Philippe Jean-Baptiste, Cécile Tessier, Thomas y Aurélie Doira y Étienne y Amaury Pierre por sus comentarios tras una segunda lectura del texto.

El día se inicia como un día de escuela corriente. Zohra se ha reunido con Eloísa ante la verja de la escuela, y esta última la riñe con suavidad al verla surgir del aparcamiento.

—¿Todavía vienes en coche? Ya sabes que es malo para el efecto invernadero...

—¡Pero es que llegaba con retraso y además llovía! —protesta débilmente Zohra.

Los padres de Eloísa son investigadores que trabajan en el cambio climático y a Zohra le parecen un poco obsesionados por las historias sobre el efecto invernadero. A pesar de ello siente un gran afecto por Eloísa, que es impulsiva y alegre y a la que siempre hacen rabiar sus hermanos, como le sucede a ella.

Eloísa: ¡Bueno! ¿Qué nueva ocurrencia tuvieron tus hermanos anoche?

Zohra: Fue horrible, ¡habían escondido una araña en mi cama!

En ese momento repica la campana de la escuela, interrumpiendo las conversaciones. Zohra y Eloísa se apresuran a marchar hacia la entrada de su aula cuando la mirada de Eloísa se ve atraída por un reflejo curioso detrás del gran plátano del patio. Las dos amigas oyen con toda claridad: «¡Auxilio, ayudadme, por favor!». La silueta de un muchacho vestido con prendas plateadas sale de detrás del árbol y les hace un gesto imperioso.

Zohra: Es curioso ese chico, se diría que va vestido de cosmonauta...

Eloísa: ¡Siempre he soñado con tropezarme con uno! Vamos a ver.

Sin una vacilación, Eloísa toma la mano de su amiga y la arrastra rápidamente hacia el misterioso desconocido.

El clima

Es un muchacho moreno, de grandes ojos de color malva llenos de lágrimas. Eloísa, intrigada, le bombardea a preguntas:

—¿Qué te sucede? ¿Quién eres? Nunca te he visto en la escuela. ¿Te has perdido?

El muchacho suelta un gran suspiro.

—Me llamo Chone. No me he perdido, pero tengo una gran preocupación... ¿Me podéis ayudar?

Eloísa: Desde luego, ¿verdad, Zohra? ¿Cuál es tu problema?

Chone: Vengo del futuro, del año 2143. Mi padre es inventor y, como le interesa mucho la historia, ha fabricado una máquina para viajar en el tiempo.

Zohra: Ah, ¿es esta especie de bola enorme que brilla detrás del seto de la escuela?

Chone: Sí, es el Cronotrón de mi padre. Me había prohibido tocarlo, pero yo también quería viajar en el tiempo. He subido a la máquina y he llegado al inicio del siglo XXI...

Eloísa: ¡Quieres decir hoy! Y entonces, ¿dónde está el problema?

Chone: Pues resulta que... olvidé comprobar el depósito del Cronotrón y me he quedado sin combustible, ahora no puedo regresar a casa.

Zohra: Eso no es problema: hay una estación de servicio justo al lado de la escuela.

Chone: ¡No sirve! Mi Cronotrón sólo funciona con semillas de ginkgo biloba.

Eloísa: Pero ¿por qué usar semillas de ginkgo biloba?

Chone: ¡Es un árbol muy común donde yo vivo! Por eso mi padre eligió esa clase de semillas.

Zohra: Tendría que haber elegido un plátano, ¡que al menos es más corriente que un ginkgo biloba!

Chone: ¿Un plátano? En mi vida he visto uno. Desaparecieron hace más de cien años, al mismo tiempo que las hayas y las encinas. Mi padre dijo que no soportaron el cambio climático. Por el contrario, el ginkgo biloba es uno de los árboles más antiguos de la Tierra y resiste todas las catástrofes.

Zohra: Eloísa, ¿sabes tú dónde podemos encontrar semillas de ginkgo biloba?

Eloísa, muy orgullosa: Claro que sí, hay uno en el parque, justo detrás de la escuela. Lo sé porque tiene una etiqueta en el tronco que indica «ginkgo biloba, árbol de los mil escudos».

Los tres niños se deslizan a través de un agujero en el seto de la escuela para llegar al parque. Se detienen al pie del árbol indicado por Eloísa.

Chone: ¡Sí que es éste! ¡Cuántas semillas tiene! Hay muchas más de las que hacen falta para regresar a mi casa. Incluso os puedo llevar a hacer un viaje.

Zohra: ¡Pero eso nos haría faltar a la escuela!

Chone: ¡No lo hará! Con mi máquina podría devolveros justo en el momento en que sonó la campana. ¡Nadie sabrá nunca que dos alumnas han hecho novillos!

Aliviadas, las dos muchachas siguen a su nuevo amigo hasta el seto, donde reluce una esfera transparente, cubierta de botones y diales raros. Una vez dentro del Cronotrón, Chone las hace sentar en una banqueta, se instala ante las pantallas y vacía las semillas en un orificio situado delante de él.

—Buenos días, Jen —saluda.

Unas luces empiezan a parpadear.

—¿Quién es Jen? —pregunta Zohra, perpleja—. ¡No veo a nadie más aparte de nosotras!

Chone: El Cronotrón está equipado con una unidad central muy inteligente. Se llama Jen y es mi mejor amiga; es capaz de responder a todas mis preguntas.

Eloísa: ¡Un superordenador que habla! A mí también me gustaría tener uno en casa.

—¡Estamos en marcha! —anuncia Chone haciendo unos ajustes.

La máquina empieza

a estremecerse suavemente y se eleva con rapidez. Todo se oscurece alrededor de ellos y las niñas se miran un tanto inquietas. ¿Funciona realmente la máquina?

De improviso, un botón rojo se enciende y una enorme bola azul espolvoreada de blanco aparece en el exterior.

Zohra: Cielos, parece un mapamundi...

Chone lanza una carcajada.

—¡Es la auténtica Tierra! El Cronotrón nos ha transportado al espacio y la contemplamos desde lejos.

¿Por qué, en dirección al ecuador, hace más calor que en otros sitios?

Zohra: Entonces, ¿eso blanco, arriba y abajo, son los casquetes polares?

Eloísa: Y esa gran lámina amarilla, ¿el desierto del Sahara?

Zohra: En todo caso, hacia la parte central, se ve una curiosa franja verde...

Chone: Son los bosques ecuatoriales, que se benefician de un clima cálido y húmedo.

Eloísa: ¿Te refieres a que el parte meteorológico pronostica allí mucho sol y lluvia?

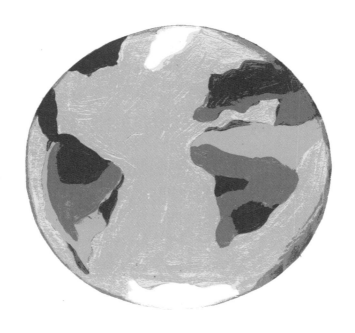

Chone: Cuidado, lo mezclas todo. La meteorología es la ciencia del tiempo que hace cada día, para saber qué nos caerá encima, como la lluvia, la nieve, el granizo...

Zohra: ¡Eso lo sé bien! Todas las noches veo las previsiones meteorológicas en la televisión.

Eloísa: Pero ¿el clima, entonces?

Chone: El clima tiene que ver con el tiempo que hace en todo el planeta, y durante un período mucho más largo, treinta años, por ejemplo. Contempla la

Tierra que tienes delante: reconocerás las grandes zonas climáticas ya que las plantas son muy sensibles al clima...; las zonas desérticas, sin vegetación; las zonas tropicales, con los grandes bosques, donde las temperaturas permanecen cálidas todo el año y donde las lluvias son abundantes; las zonas polares, donde siempre hace frío...

Eloísa: Mucho frío, incluso. Mi madre me contó que el récord de frío se midió en Vostok, en la Antártica: ¡−89 °C!

Zohra: ¡−89 °C! ¡La gente se debía de helar *in situ*! Yo prefiero que haga mucho calor. ¡Estoy segura de que el récord de calor lo tiene un país situado junto al desierto, como Argelia!

Chone: Sí, es de + 58 °C, en Libia, cerca de Argelia.

Zohra: Mi tía siempre me ha dicho que, allí abajo, el Sol pega más fuerte que en Francia. ¿Por eso hace más calor donde ella vive?

Chone: No del todo. Está principalmente vinculado a la inclinación de los rayos solares. Además, la palabra «clima» proviene del griego y significa «inclinación».

Zohra: No entiendo qué quieres decir. ¿Qué es la inclinación?

Eloísa: ¿Por qué la inclinación no es la misma en Francia y en Argelia?

Chone: Es fácil de comprender con un dibujo. Mirad. La Tierra, que está ligeramente inclinada, gira sobre sí misma en un día y alrededor del Sol en 365 días y seis horas. Puesto que la Tierra gira sobre sí misma, cuando una mitad del planeta recibe los rayos solares (es de día aquí), la otra mitad está a oscuras (es de noche allí). Cuanto más nos dirigimos hacia los polos, más bajo está el Sol en el horizonte... y menos calor proporciona.

Eloísa: ¿Como por la noche, cuando el Sol se pone?

Chone: Eso es.

Zohra: ¡Lo he comprendido! En las regiones tropicales, los rayos solares llegan casi verticales y golpean fuerte todo el año: son, pues, las regiones cálidas, como donde vive mi tía, en Argelia.

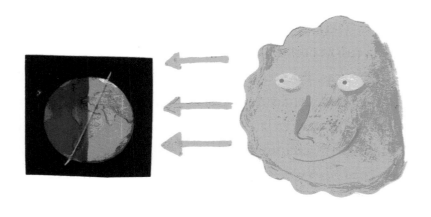

¿Por qué nieva muy pocas veces en París?

Zohra: Con todo hay algo curioso en tu explicación. Mi padre, que va todos los años a Canadá por su trabajo, me dijo que allí cada invierno caen varios metros de nieve. Pero Montreal está más al sur que París, donde los rayos del Sol deberían ser más fuertes. Y, sin embargo, nieva mucho más en Montreal que en París: ¡en París eso no sucede casi nunca!

Eloísa: ¡No es cierto! Mi abuelo siempre me cuenta que, cuando era pequeño, ¡descendía en trineo por Montmartre!

Chone: ¿Cuándo fue eso?

Eloísa: Entre 1933 y 1944, ¿por qué?

Chone: Para que nieve es necesario que la temperatura sea negativa (por debajo de 0 °C) y que las nubes aporten humedad. Jen, muéstranos cuáles eran las temperaturas en París entre 1933 y 1944. La pantalla del Cronotrón muestra una curva de temperaturas.

Chone: ¡Observad! Cuando tu abuelo era niño, la temperatura nocturna en París era de 1,4 °C en invierno y en total, durante doce años, hubo siete meses en los que la temperatura fue negativa por la noche, o sea, muchos días de hielo y nieve.

Eloísa: ¿Y hoy en día?

Chone: La temperatura nocturna en París es por término medio de 3 °C en invierno y, en los doce últimos años, sólo ha habido un mes de invierno en el que la temperatura fuera negativa.

Zohra: Entonces si nieva en Montreal, ¿es porque hace más frío, a pesar de que los rayos solares golpeen un poco más fuerte?

Chone: ¡Es cierto! Se debe a que el clima no depende únicamente del Sol, sino también de otras cosas, como los vientos o las corrientes marinas. Francia está cerca del océano, lo que hace que se beneficie del calor que transporta la corriente del Golfo.

Zohra: ¿Qué es la corriente del Golfo, Jen?

Jen: La corriente del Golfo es una gran corriente cálida del océano Atlántico. Transporta el calor desde las regiones más cálidas (cerca del ecuador) hacia las regiones más frías (los polos).

Chone: Gracias a la corriente del Golfo, hace más calor en invierno en París que en Canadá. La nieve sigue cayendo de vez en cuando en vuestro país, pero es menos frecuente ahora de lo que era a principios del siglo XX, y ello está relacionado con el calentamiento climático; en París sucede lo que en todos los continentes.

Zohra: ¡Ah, no! ¡No nos vas a machacar tú también con esas historias sobre el calentamiento climático y el efecto invernadero! Ya es la chifladura de Eloísa y su familia. ¿Es que alguien sabe realmente si el clima ayer era cálido o frío?

El clima ayer ¿era cálido o frío?

Eloísa: ¡Más frío, desde luego! El clima en tiempos prehistóricos era mucho más frío que el de hoy porque había mamuts en Francia.

Zohra: ¡Querrás decir más húmedo! En el desierto del sur de Argelia he visto restos de lagos antiguos y dibujos prehistóricos con vacas, lo que prueba que forzosamente era húmedo.

Chone: ¡Vaya! ¡Veo que existe un desacuerdo entre ambas! Hagamos la pregunta a Jen para saber quién tiene razón.

Por toda respuesta, el terminal empieza a parpadear y el Cronotrón vibra durante unos minutos antes de posarse en la Tierra.

Chone: Creo que Jen nos ha hecho viajar al pasado. ¡Veamos!

Zohra: ¡Veo vegetación por todas partes!

Chone: Son bosques, bosques gigantescos.

Eloísa: ¡Los árboles se parecen a los ginkgo biloba! ¡Eso te dará muchísima energía para tu Cronotrón!

Jen: Nos hemos remontado a cien millones de años antes del siglo XXI, a uno de los períodos más cálidos de la historia de la Tierra. La temperatura era de media 6 °C más que hoy en día.

Chone: ¡Entonces no hay ni que plantearse salir del Cronotrón para recoger semillas! Es demasiado peligroso.

Eloísa: ¡¡¡Aaaaah!! ¿Qué es esa bestia horrorosa que se precipita hacia nosotros?

Chone: ¡Es un tiranosaurio! Estamos en el Cretáceo, la época en que reinaban los dinosaurios. Nos ha descubierto y debe de pensar que el Cronotrón es un huevo de diplodoco. ¡Huyamos antes de que nos coma! ¡Jen, sácanos de aquí!

El Cronotrón alza el vuelo, vuelve a vibrar y luego se posa otra vez sobre la Tierra.

Zohra: En todo caso, era yo quien tenía razón. ¡En el pasado hacía más calor!

Eloísa: ¡Ni hablar! ¡Mira allí!

Zohra: ¡Vaya! ¡Un elefante peludo y pardo que se revuelca en la nieve!

Eloísa: Es un mamut. ¡Lo sabía!

Chone: Jen nos ha trasladado varias decenas de millones de años en el tiempo. Según mis contadores es-

tamos en el momento más frío del último período glaciar, hace veintiún mil años.

Zohra: ¡Es un nombre curioso! Jen, ¿por qué se habla de un «período glaciar»?

Jen: Porque durante el último período glaciar el norte de Europa y de Norteamérica estaban cubiertos de hielo, además de Groenlandia y la Antártida. La temperatura global de la Tierra era aproximadamente 5 °C más fría que en vuestra época.

Eloísa: ¿Sólo?

Chone: Lo sé, parece poca cosa, pero es suficiente para provocar enormes cambios. Mira, si nos alejamos un poco de la Tierra, ¿qué ves?

Eloísa: ¡Es increíble, casi la mitad de la Tierra está helada!

Chone: Sí, el hielo cubre una gran parte de los mares y tierras, hasta tal punto que el nivel de los mares es unos 120 m más bajo con relación al de nuestra época.

Zohra: ¡El mar 120 m más bajo! ¡En ese caso, las playas debían de ser inmensas!

Chone: ¡Sí! Por ejemplo, el canal de la Mancha, en lugar de ser el mar que separa Francia del Reino Unido, era una estepa gigantesca donde pacían los mamuts... Es justo allí donde Jen ha posado el Cronotrón.

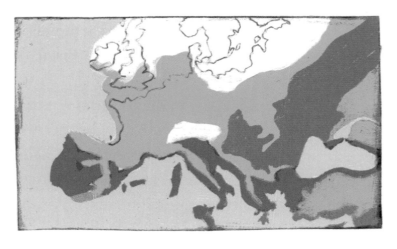

Europa durante el último período glaciar: en blanco, los casquetes de hielo; en beige, las zonas de estepa; en verde, los bosques.

El clima

Zohra: ¿Una estepa es una pradera para mamuts?

Chone: Es una pradera de los climas fríos, con una vegetación como la que todavía se encuentra en las regiones polares, en Siberia, por ejemplo. Fíjate en esos pequeños matorrales que apenas sobresalen de la nieve.

Eloísa: ¡Brrr! No me habría gustado vivir en esta época. Nos has dicho que el enfriamiento fue sólo de 5 °C en toda la Tierra, pero de hecho, aquí, ¡el enfriamiento fue enorme!

Chone: Sí, la Francia glaciar tenía el clima de Finlandia en el siglo XX, casi 15 °C menos... En cuanto a Finlandia, ¡ésta estaba cubierta de una espesa capa de hielo! Ese frío no tenía sólo desventajas. Por ejemplo, el ser humano pudo atravesar a pie el estrecho de Bering entre Siberia y Alaska e instalarse en América.

Zohra: Lo que yo mantengo, en todo caso, es que tanto Eloísa como yo teníamos razón. Hubo momentos en los que el clima era más cálido o más húmedo, y otros en que era más frío o más seco. Pero todo eso sucedió poco a poco, hace mucho tiempo. ¿Por qué inquietarse?

Jen: El clima también puede cambiar mucho más deprisa. Si os parece, os mostraré que el clima también ha cambiado en algunas decenas de años.

El clima ayer ¿era cálido o frío?

Zohra: ¡Sí! ¡Otro viaje más en el Cronotrón!

Las luces parpadean, el Cronotrón despega y luego se posa.

Eloísa: ¡Vaya! Una gran llanura verde con vacas. ¡Seguro que es Normandía!

Chone: ¡Perdiste! Según mis contadores, estamos en el año 982, en la punta sur de Groenlandia.

Zohra: ¡Esta máquina tuya dice lo que le parece! He visto fotos de Groenlandia, está cubierta de hielo, ¡y los únicos animales que se ven allí son focas o renos!

Chone: Demuestra que, en el año 982, el clima era más cálido que hoy en día.

Jen: Groenlandia significa «Tierra verde» en lengua vikinga. Hacia el 900, el clima en Europa y en Groenlandia era un poquitín más cálido que durante los siglos anteriores, lo que fundió una parte del banco de hielo. Eso permitió a los vikingos atravesar el Atlántico Norte desde Escandinavia e Islandia hasta el sur de Groenlandia.

Zohra: ¿Atravesaron a pie por el banco de hielo?

Chone: Claro que no, sabes perfectamente que los vikingos eran campeones de la navegación merced a sus barcos, los drakkars.

Eloísa: ¡Los vikingos son los antepasados de los normandos! Entonces, ¿la auténtica Normandía empezó aquí?

Chone: Sí. Instalaron poblados en el sur de Groenlandia, donde cultivaron cereales. En cambio, necesitaban que los reabastecieran de leña por barco desde Escandinavia, ya que no había bosques allí.

Zohra: Pero en la actualidad, ya no hay vikingos en Groenlandia. ¿Los expulsaron los esquimales?

Eloísa: «Esquimal», Zohra, es un término despreciativo, ya que significa «devorador de carne cruda».

Los habitantes del Gran Norte prefieren que los llamen «inuits».

Chone: De todos modos, los inuits no expulsaron a los vikingos, fue el cambio climático el que lo hizo. Poco a poco, el clima se enfrió y aquellos vikingos no pudieron sobrevivir, ya que las cosechas se tornaron malas y los barcos que los abastecían de leña para el invierno ya no podían atravesar el Atlántico Norte, que se había vuelto a cubrir de hielo.

Eloísa: Eso me recuerda un cuadro de un pintor holandés que vi en el museo. Se veían patinadores sobre un río.

Zohra: Nuestro profesor nos dijo que eso sucedió durante las guerras de religión, en el Renacimiento. Fue un período muy frío.

Chone: Sin duda te refieres a los *Patinadores* de Brueghel. En efecto, durante los años que van de 1400 a 1850, existieron rachas frías; por término medio la temperatura fue 1 °C menos en Europa en comparación con el siglo XX. Los días de mucho frío eran más numerosos, los lagos y los canales se helaban a menudo y los patinadores lo aprovechaban. Debido al frío, los glaciares de los Alpes eran mucho mayores y se denominó a este período la «pequeña edad del hielo».

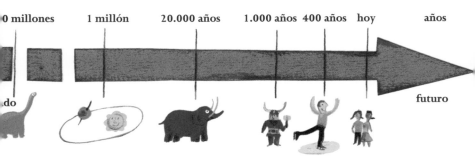

0 millones   1 millón   20.000 años   1.000 años   400 años   hoy   años

do   futuro

Eloísa y Zohra contemplan las vacas de Groenlandia por las ventanas del Cronotrón y conversan mientras Chone vuelve a meter semillas de ginkgo biloba en el depósito.

¿Por qué cambia el clima?

Eloísa: Bueno, entonces, de hecho, ¡el clima cambia sin cesar!

Zohra: ¡Yo sé el motivo! Es porque, en ocasiones, el Sol está enfermo y calienta más fuerte debido a que tiene fiebre.

Eloísa: Dices tonterías, ¡el Sol calienta siempre igual! Es

sólo debido al efecto invernadero que el clima puede cambiar.

Zohra: Ya estamos, ya volvemos a los sermones sobre el efecto invernadero... ¡Piedad!

Chone: Además, Eloísa, en eso te equivocas. El clima es muy complicado. Hay muchas cosas que lo pueden cambiar. Por ejemplo, el calor que envía el Sol no es siempre el mismo, contrariamente a lo que piensas. Así pues, la pequeña edad del hielo la provocó un pequeño descenso en la actividad solar, que calentó menos la Tierra, y erupciones volcánicas más frecuentes.

Eloísa: Pero un volcán calienta, ¿no?

Chone: En realidad, las grandes erupciones volcánicas envían al aire cenizas diminutas. Esas cenizas impiden que el calor del Sol se dirija a la superficie de la Tierra, exactamente como sucede con los postigos de las casas en verano.

Zohra: ¿Sucedió lo mismo en la época de los mamuts?

Chone: No, en ese caso la causa fue sobre todo el cambio de posición de la Tierra con relación al Sol.

Eloísa: ¿Quieres decir que la Tierra no gira siempre del mismo modo alrededor del Sol?

Chone: Eso es. Jen, haznos un dibujo.

Los niños contemplan la pantalla en la que aparece el dibujo de Jen.

Chone: Como se puede observar, al girar alrededor del Sol, la Tierra dibuja una especie de círculo un poco achatado.

Zohra: ¡Como una pelota de rugby!

Chone: Sí, exactamente, a eso se llama una «elipse».

Jen: La trayectoria de la Tierra alrededor del Sol pasa lentamente de un círculo a una elipse cada vez más achatada, luego otra vez de una elipse a un círculo.

Zohra: Déjame pensar. Cuanto más achatada, más alejada, a veces, puede encontrarse la Tierra del Sol. Y en ese momento tiene que hacer frío: es igual que cuando aparto la mano de una lámpara y siento menos el calor.

Chone: ¡Estupendo! Has comprendido el efecto de la trayectoria, Zohra. Pero existe también el efecto de la inclinación del eje de la Tierra con respecto a esta trayectoria. En tu opinión, ¿qué puede hacer eso?

Eloísa: ¿Qué historia es ésa? ¡La Tierra siempre está inclinada igual!

Chone: ¡Pues no! La Tierra es como una gran peonza. Su eje de inclinación varía muy despacio. Hay momentos en que está más inclinado que otros.

Zohra, concentrada: Entonces, ¡cuanto más inclinada, más rasantes llegan los rayos y menos calor hace! Lo he comprendido, ¿eh, Eloísa?

¿Por qué cambia el clima?

Chone: Tienes razón, Zohra. El efecto de la inclinación de la Tierra es incluso aún más importante porque el verano tiene lugar cuando el hemisferio en el que se vive se inclina hacia el Sol, y, al contrario, el invierno aparece cuando nuestro hemisferio se inclina hacia el otro lado.

Eloísa: Pero entonces, ¡hay tres cosas que se juntan! La distancia entre la Tierra y el Sol, la inclinación de la Tierra y el momento en el que tiene lugar el verano o el invierno, más cerca o más lejos del Sol.

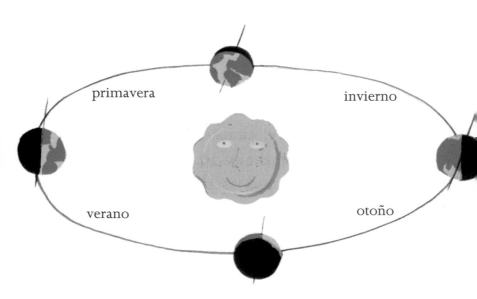

**El ciclo de las estaciones hoy en día,
en el hemisferio norte**

Chone: ¡Estupendo, Eloísa!

Zohra: Y ¿es eso lo que fabrica los períodos glaciares?

Jen: Hace aproximadamente ciento quince mil años, cuando se inició el último período glaciar, la Tierra estaba muy poco inclinada, y la órbita, más achatada. Además, la Tierra se encontraba lejos del Sol durante el verano del hemisferio norte.

Eloísa: Así pues, el verano fue muy frío aquí.

Zohra: ¿Lo bastante frío para que la nieve no se fundiera?

Chone: Sí, al menos en los lugares donde nieva mucho, sobre Siberia, Escandinavia, Alaska. De ese modo, año tras año, la extensión y el grosor de la nieve aumentó, lo que finalmente dio lugar a inmensos casquetes polares. Ahora bien, esos casquetes polares todavía enfriaron más el clima, ya que la nieve devuelve los rayos solares al espacio.

Zohra: Entonces, ¿la nieve actúa como un gran espejo? ¿Devuelve los rayos del Sol y por eso permanece tan fría?

Chone: ¡Exactamente! Si comparas una zona de tierra y una de nieve, observarás que la tierra, que es oscura, recupera los rayos del Sol, los guarda y se caliente, mientras que la nieve, muy brillante, devuelve los rayos solares y permanece fría. Así pues, cuanta

¿Por qué cambia el clima?

La formación de los casquetes polares

más nieve hay, más rayos del Sol se devuelven al espacio y más se enfría el clima... y se entra en un período glaciar.

Eloísa: ¿Es Jen quien comprendió todo eso?

Chone: No, fue un sabio serbio, en 1940, llamado Milutin Milankovitch. La teoría lleva su nombre. Nos la enseñan en la escuela.

Eloísa: Es curioso. Mi madre siempre me dice que es el efecto invernadero el que cambia el clima.

El efecto invernadero

Chone: Porque ella habla del siglo XXI. Allí, es el aumento de la concentración de gases de efecto invernadero la que provoca un calentamiento y trastorna el clima.

Zohra: ¡Auxilio! ¡Chone también ha pescado la manía de Eloísa con el efecto invernadero! ¿Podrás tú explicarme qué es un gas de efecto invernadero?

Eloísa: ¡Lo sabes perfectamente! Es el gas de los tubos de escape de los coches... como el que usas para ir a la escuela.

Chone: A eso se le llama «gas carbónico», y es el gas de efecto invernadero más abundante. Y no son sólo los coches los que lo emiten. También se expulsa en las casas, en las fábricas, con los tractores, al quemar petróleo, gas natural o carbón. Incluso tú, ¡tú fabricas gas carbónico, sólo con respirar!

Zohra: ¿Lo ves, Eloísa?, ¡también tú contaminas el planeta!

Chone: ¿Sabes?, eso no tiene sólo efectos negativos. ¿Sabes cuál sería la temperatura de la Tierra si no hubiera gas de efecto invernadero en la atmósfera?

Eloísa: ¿0 °C?

Chone: ¡Peor! ¡−18 °C! No habría vida posible sobre la Tierra. En realidad, los gases de efecto invernadero son gases transparentes que dejan que los rayos del Sol vengan a calentar la Tierra, pero que impiden que el calor se escape al espacio.

Zohra: ¿Un poco como una cubierta invisible?

Chone: Sí. El problema es que cuanto más espesa es la cubierta, menos calor escapa y más calor hace.

Eloísa: Entonces, ¡por eso es necesario evitar usar demasiada gasolina con los coches! Para evitar producir demasiados gases de efecto invernadero y volver demasiado espesa la cubierta.

Chone: Sí. Tal y como Jen os lo ha explicado, el clima tiene variaciones naturales producidas, por ejemplo, por los cambios de la actividad del Sol, o la posición de la Tierra con relación al Sol. El efecto invernadero natural tiene también un cometido importante en el clima. Los problemas aparecen cuando el hombre, mediante sus actividades, trastorna el equilibrio del clima añadiendo de un modo brusco un efecto invernadero adicional.

Zohra: Tú, igual que Eloísa, pareces muy seguro de que es el hombre el responsable del cambio del clima en la actualidad. ¿Cómo lo sabes?

¿Cómo podemos prever el clima?

Eloísa: ¡Es fácil! ¡Mi madre me lo dijo! Y en el caso de Chone, es gracias a Jen y al Cronotrón.

Zohra: Sí, pero tu madre no tiene un Cronotrón. ¿Cómo lo supo, entonces?

Eloísa: Es su trabajo: busca información sobre el clima. Por ejemplo, todos los años hace un viaje a la Antártida para recolectar muestras del hielo.

Zohra: Yo creía que no crecía nada allí porque hacía demasiado frío.

Chone: Se refiere a pedazos de hielo. Mira, Jen te enseña un ejemplo. Son cilindros largos de hielo que se extraen con un instrumento especial.

Eloísa: Es una máquina con un tubo de metal que se hace girar y que se hunde en el hielo. Cuando se retira el tubo, se retira al mismo tiempo un pedazo de hielo. ¡Como un sacacorchos!

Zohra: Y este tapón de hielo, ¿es un buen indicio?

Chone: Sí, porque el hielo, al formarse, atrapa pequeñas burbujas de aire. Cuanto más profundo se perfora, más viejo es el hielo y, por lo tanto, más viejo es el aire aprisionado. Analizando el aire de este hielo a diferentes profundidades, se puede medir, por ejemplo, la cantidad de gases de efecto invernadero del pasado.

Jen: Así es como se supo que entre 1850 y el año 2000, las actividades humanas han hecho aumentar el nivel de gas carbónico de la atmósfera un 30 % en relación con el nivel natural. Y del mismo modo, los hielos más antiguos muestran que el nivel actual de gases de efecto invernadero no se había alcanzado desde hace más de ochocientos mil años.

Zohra: De acuerdo, os creo, hay más efecto invernadero en el aire. Pero ¿quién nos prueba que es eso lo que cambia el clima?

Eloísa: Es algo parecido a una investigación de un detective... En el laboratorio de mis padres se buscan muchos indicios para averiguar cómo ha cambiado el clima: los dibujos de los hombres prehistóricos, los documentos antiguos...

Zohra: ¿Como el cuadro de Brueghel?

Chone: Sí, o incluso libros antiguos. Por ejemplo, sé que mirando las fechas de la vendimia o los relatos sobre hielo en los lagos o los ríos se puede deducir la temperatura que había en aquellos lugares, en verano o en invierno. Existen también indicios en los troncos de los árboles: cuando los árboles tienen mucho frío, fabrican muy poca madera cada año y observando los anillos de crecimiento de árboles muy viejos o de vigas antiguas se puede reconstruir la historia del clima.

Zohra: Pero ¿por qué no usar sencillamente un termómetro?

Chone: Porque el termómetro no se inventó hasta aproximadamente el año 1650. A menudo, en 1700 o 1800, eran los médicos o los maestros los que mantenían estadísticas detalladas de las temperaturas, las presiones o las cantidades de precipitación.

Zohra: Nuestra profesora no lo hace, es una lástima, pero es que así tiene más tiempo para corregir nuestros cuadernos.

Jen: Efectivamente, desde 1850 se establecieron redes meteorológicas en cada país para seguir al mismo tiempo y con los mismos instrumentos el clima que hacía en todo el planeta.

Eloísa: Por suerte, ahora es mucho más fácil. Los satélites sobrevuelan permanentemente la Tierra y efectúan mediciones meteorológicas.

Zohra: ¿Y esos índices muestran claramente que el clima se calienta?

Jen: Han mostrado que la temperatura de la Tierra aumentó en el siglo xx y al inicio del siglo xxi: se calentó aproximadamente 0,6 °C entre los años 1900 y 2000.

Zohra: ¿0,6 °C? ¡Ni siquiera 1 °C! ¡Pero eso no es nada! ¡No entiendo por qué te preocupas tanto!

Eloísa: ¡Porque mi padre dice que seguirá calentándose!

Zohra: ¿Cómo puede saberlo?

Eloísa: Pues porque ha construido un modelo de la Tierra en su ordenador. Me mostró cómo funciona, ¡es como un videojuego! Uno imagina qué cantidades de gases de efecto invernadero se emitirán en el futuro, se presiona un botón, y ¡ya está! El ordenador calcula la temperatura que tendremos el próximo siglo.

Zohra: Entonces, ¿es un poco como sucede con el parte meteorológico?

Chone: Sí, el principio es el mismo para prever el tiempo del día siguiente o del próximo siglo. Se usan fórmulas que describen el movimiento del aire, la formación de nubes (las gotitas de lluvia o los pequeños cristales de hielo), de la lluvia o de la nieve.

Zohra: ¡Sí! La nieve es importante ya que devuelve más o menos los rayos de Sol al espacio.

Chone: Pero para el clima hay que calcular el tiempo que hará durante un período largo y, por lo tanto, tomar en cuenta no sólo los vientos sino también los cambios de las corrientes marinas, los cambios en los bancos de hielo, en la vegetación... Es necesario utilizar los ordenadores más potentes del mundo

durante muchos meses para simular la evolución del clima.

Zohra: Y tu padre, Eloísa, ¿qué nos pronostica para el futuro?

Eloísa: ¡En realidad, eso depende mucho de nosotros! Si en todos los países se sigue usando cada vez más el petróleo y el carbón, la temperatura podría aumentar más de 5 °C de aquí a fin de siglo. Si somos cuidadosos y emitimos la menor cantidad posible de gases de efecto invernadero, aumentará menos.

Zohra: Pero yo tengo que tomar el avión para ir de vacaciones a casa de mi abuela en Argelia, en verano. ¡Y ella se siente muy orgullosa de que tengamos un coche propio! ¡Y todo eso utiliza mucha gasolina!

Eloísa: Sí, pero yo no digo que tengamos que vivir como los hombres prehistóricos. Fíjate en Chone: su máquina funciona con otra cosa que no es gasolina. Si no hacemos el esfuerzo, el calentamiento será terrible.

¿Podemos morir debido al calentamiento de la Tierra?

Zohra: Brrr... Me asustas con todas esas historias. Por suerte, tenemos aquí a Chone y él nos podrá contar qué pasará realmente en el futuro.

Chone: ¿Qué queréis saber?

Eloísa: Donde tú vives, en tu época, ¿hace realmente más calor?

Chone: Sí. Por ejemplo, en verano, la mayor parte del tiempo, nos vemos obligados a permanecer dentro de las casas durante el mediodía debido al calor tan asfixiante que hace en el exterior. A eso se le llama una «canícula».

Eloísa: ¿Como el verano de 2003? En la residencia de ancianos en la que está mi abuela, murieron muchas personas mayores ese verano porque el calor les impedía descansar.

Chone: Donde nosotros vivimos se ha aprendido a construir casas más frescas, aislándolas bien y orientándolas debidamente con relación al Sol.

Zohra: ¡Como en Argelia! En el sur, hay canícula todos los veranos y las casas se construyen de modo que conserven el frescor.

Eloísa: ¡Al menos es mejor que colocar acondicionadores de aire por todas partes que crean el efecto invernadero!

Zohra: Así, para ti, Chone, el calentamiento no es tan grave, simplemente hay que prepararse para él.

Chone: ¡A pesar de todo existen grandes problemas! Por ejemplo, muchos glaciares se han derretido. Es muy molesto por que los lagos de las montañas están vacíos en verano y, de repente, las presas ya no permiten fabricar electricidad. Y además del calentamiento, el verano es muy seco. Las personas tienen que ahorrar agua.

Eloísa: ¡Ya hacemos eso en casa! Nos duchamos en lugar de darnos un baño, lavamos el coche en un túnel de lavado, recuperamos el agua de lluvia de los canalones dentro de un bidón enorme para regar el jardín... ¡Estamos preparados para el cambio climático!

Zohra: Pero si hay menos agua, las plantas deben de tener mucha sed.

Chone: Sí; algunos árboles que necesitan agua en verano, como la haya o la encina, han desaparecido.

Ya no se cultiva el maíz, que requiere mucha agua. Por el contrario, otras especies, como el pino marítimo o el ginkgo, prosperan. También hay más bosques en las montañas y en los países situados más al norte, ya que el clima es más suave.

Eloísa: Eso debe de ser bueno para los animales, entonces. Debe de haber más vida en el polo Norte.

Chone: Depende. Los renos y los osos polares, por ejemplo, se encuentran en peligro de extinción debido al calentamiento.

Zohra: ¿Porque tienen demasiado calor?

Chone: Los renos encuentran su alimento bajo la nieve escarbando con la cornamenta y las pezuñas. Con la subida de las temperaturas, en lugar de hacer mucho frío y nevar en invierno, lo que sucede en la actualidad es que llueve sobre el suelo helado. Eso forma una corteza de hielo que los renos no pueden romper. Los osos polares, por su parte, necesitan desplazarse por el banco de hielo para buscar su alimento. Por todo el polo Norte, el banco de hielo se enco-

ge: es más delgado, se forma más tarde y desaparece antes. Eso pone en peligro la supervivencia de los osos polares.

Eloísa: Si el banco de hielo se funde, ¡eso hará subir el nivel de los mares! ¡Se corre el peligro de que se inunde todo el planeta!

Chone: ¡No! Puesto que el banco de hielo ya flota en el agua, si se funde no cambia nada. Coloca un cubito de hielo en un vaso lleno de agua: si lo dejas derretir, verás que el vaso no rebosará.

Eloísa: ¡Desde luego! ¡Arquímedes fue quien lo comprendió mientras tomaba un baño! Se llama el «principio de Arquímedes»... Pero entonces, ¿por qué sube el nivel del mar?

Jen: De hecho, cuando el agua se calienta ocupa más volumen (se «hincha»). Además, al fundirse, los glaciares de las montañas, que sí están en tierra, también hacen aumentar el nivel del mar. En un siglo, el calentamiento hará subir el nivel del mar aproximadamente 1 m.

Zohra: ¿Solamente? ¡Eso no debe de ser muy grave!

Chone: ¡Desengáñate! En los lugares muy llanos, como Bangladesh, eso ha convertido algunas regiones en inhabitables. ¡Incluso hay islas enteras que han desaparecido!

Zohra: Eso no debe de haber resultado muy divertido para las personas que vivían allí.

Chone: No, ya que además eran a menudo gente muy pobre, que carecía de los medios para construir diques, como en los Países Bajos, para oponerse a la elevación del nivel de los mares. A menudo lo han perdido todo.

Eloísa: ¡Es, sin embargo, injusto! ¡El cambio climático lo producen los países ricos, en Europa o en América del Norte, que emiten muchos gases de efecto invernadero, y lo padecen los países pobres!

Zohra: Pero en Francia han prometido esforzarse para evitarlo y el país ha firmado el protocolo de Kyoto, han hablado de ello en los informativos. Creo que es un tratado que hará que se usen más aeromotores para fabricar electricidad, paneles solares para calentar el agua, nuevas centrales nucleares...

Chone: La verdad es que cuando se agotaron las reservas de petróleo, se inventaron nuevos modos de producir energía, por eso mi padre es inventor. Pero a vosotras, Eloísa y Zohra, también os es posible actuar. La lucha contra el cambio climático es una cuestión mundial. ¡Los arroyos pequeños crean los grandes ríos!

Eloísa: ¿Qué podemos hacer?

Chone: Existen gran cantidad de gestos pequeños

que todos los días permiten disminuir las emisiones de gas carbónico... Jen, ¿nos puedes recordar todo lo que se puede hacer?

Jen: Utilizar bombillas de bajo consumo, apagar los aparatos eléctricos en lugar de dejar el piloto encendido, secar la colada al sol y no en la secadora, caminar, usar la bicicleta, tomar el tren, el metro o el autobús y no el coche o el avión, comprar electrodomésticos que ahorren energía, utilizar vehículos que consuman la menor cantidad de gasolina posible, evitar los envoltorios inútiles (cartones, plásticos), comer las frutas y verduras del tiempo y no las que se traen de lejos en avión o que se cultivan en invernaderos...

Zohra: A propósito, empiezo a tener auténtica hambre. Debe de ser hora de ir al comedor de la escuela.

Chone: ¡Uf! No me di cuenta de cómo pasaba el tiempo. Creo de debería llevaros de vuelta. ¡En marcha!

El Cronotrón vuelve a dejar a las dos amigas frente a su escuela justo en el momento en que suena la campana.

Eloísa: ¡Muchas gracias, Chone! ¡Gracias a ti, he cumplido mi sueño de viajar por el espacio!

Zohra: Y yo he comprendido por fin esas historias sobre el calentamiento climático. ¡Gracias, Chone!

Chone: ¡No hay de qué! Gracias a vosotras y las semillas de ginkgo podré regresar a casa sin que me riñan. Eso valía un pequeño viaje. ¡Adiós, chicas! ¡Intentaré regresar cuando seamos adultos!

Mientras entran en su aula, Eloísa y Zohra divisan la pequeña esfera plateada que se alza por el cielo efectuando una pirueta, como para lanzar un último saludo.

Eloísa: ¡Hasta la vista, Chone! Espero que volvamos a verle.

Zohra: ¿Quién sabe? En todo caso, yo, mañana, vendré a la escuela a pie. ¡Es beneficioso para el efecto invernadero!

Para hacer uno mismo

El efecto invernadero

Material: un bote grande de mermelada, un poco de humus del jardín, un cuadrado de plástico transparente, celo, una lámpara de escritorio, un termómetro.

¡Puedes reproducir el efecto invernadero en tu casa con este material tan simple! Toma el bote de mermelada (la «atmósfera») y cubre el fondo con el humus (la «Tierra»). A continuación coloca el termómetro dentro del bote de modo que puedas leer la temperatura. Antes de instalarlo, anota en un papel la temperatura ambiente de la habitación. Una vez que la tierra y el termómetro están en su lugar, cierra el bote con el pedazo de plástico y el celo.

Enciende la lámpara de escritorio (el «Sol») y colócala encima del bote. Espera unos diez minutos y observa la temperatura del interior del bote que indica el termómetro. ¿Qué ves?

La temperatura ha subido: la «Tierra» se ha calentado.

El principio de Arquímedes

Material: un vaso de agua, unos cuantos cubitos de hielo.

Chone asegura que el derretimiento de los bancos de hielo no aumentará el nivel del mar. Para comprobarlo, saca uno o dos cubitos de hielo del refrigerador. Colócalos en el fondo de un vaso grande y luego llena el vaso de agua hasta el borde. Los cubitos flotan. Eso los convierte en un minibanco de hielo. Luego, aguarda unos minutos a que los cubitos se derritan vigilando el nivel del agua. Al cabo de unos minutos, ¡los

El clima

cubitos se han derretido por completo, pero el vaso no ha rebosado! ¡Chone tenía razón!

¿Por qué la nieve devuelve los rayos del Sol?

Material: dos láminas de metal, pintura blanca, pintura negra, una lámpara de escritorio.

Para comprender por qué la nieve devuelve los rayos del Sol, realiza este experimento. Toma dos láminas de metal, idénticas si es posible. Pinta una de blanco y otra de negro. A continuación, cuando la pintura esté seca, colócalas bajo la lámpara de tu escritorio durante diez minutos. Aparta luego la lámpara y posa la mano sobre cada una de las dos placas. ¿Cuál está más fría? La blanca es la que «devuelve» más el calor, como sucede con la nieve. La negra es la más caliente, «absorbe» más el calor, como la tierra seca. Se dice que el albedo de la nieve es más elevado que el de la Tierra.

EL JUEGO DE LA CIENCIA

Últimos títulos publicados: